붓과 총을 든 여전사
의병장 윤희순

글 정종숙 | 그림 김소희

붓과 총을 든 첫 여자 의병장 윤희순의 동상. (시몽포토)

1895년, 명성 황후가 일본 자객들한테 죽임을 당하자

윤희순은 여자라는 굴레를 벗어 던지고 세상 밖으로 나옵니다.

붓을 들어 〈안사람 의병가〉란 노래를 지어 아낙네들을 가르치고,

총을 들어 아낙네들을 이끌고 일본군에 굳세게 맞섭니다.

그러다가 1910년, 나라가 송두리째 일본의 손에 넘어가자

윤희순은 중국으로 건너가 죽을 때까지 독립운동에 힘씁니다.

우리나라 첫 여자 의병장 윤희순의 삶은 과연 어떠했을까요?

차례

초가 마을에서 만난 여자아이 · 6

자객의 칼에 국모가 쓰러지다 _12

 안사람 의병가를 짓다 _21

안사람 의병대를 만들다 _31

완전한 승리를 거두다 _40

 죽어 넋이 되어서라도 _50

서점에서 담비를 만나다 · 60
노래하는 여전사, 조선독립단을 이끌다 · 62

초가 마을에서 만난 여자아이

시곗바늘이 정확히 9시 30분을 가리켰다. 시우는 바짝 조바심이 났다.

"무슨 일이 생겼나?"

일요일 아침 공원 앞에서 눈이 빠지게 기다렸지만 담비는 오지 않았다. 여태 담비가 약속을 어긴 적은 한 번도 없었다. 시우는 조바심이 난 얼굴로 잇따라 손목시계를 흘끔거렸다. 초바늘이 째깍째깍 쉼 없이 움직였다.

"젠장, 전화는 왜 안 받는 거야?"

기다리다 지친 시우는 차츰 짜증이 났다. 늦으면 늦는다고 전화라도 해 줘야 하거늘, 약속 시간이 한참 지났는데도 담비한테서 아무런 연락이 없는 것이다.

"씨, 이게 날 바람맞혔어."

잔뜩 화가 난 시우는 씩씩대며 횡단보도 쪽으로 걸어갔다. 마침 신호등이 파란불로 바뀌었다. 바로 그때 건너편 인도로 허겁지겁 달려가는 여자아이가 눈에 들어왔다. 담비가 틀림없었다.

"야, 이담비!"

목이 터져라 불렀지만 담비는 아랑곳없이 마냥 달려갔다. 시우는 잽싸게 횡단보도를 건너 젖 먹던 힘을 다해 담비를 뒤쫓았다.

"대체 어디로 간 거야?"

　귀신이 곡할 노릇이었다. 담비가 들어간 골목을 샅샅이 뒤졌지만 감쪽같이 사라지고 없었다. 골목을 두리번거리던 시우의 눈에 낡은 간판 하나가 들어왔다. 독립책방이라고 쓰인 작고 초라한 서점이었다. 골목의 다른 대문은 모두 굳게 닫혀 있었는데, 서점 문만 반쯤 열려 있었다. 시우는 더 생각할 것도 없이 서점 문을 힘껏 열었다.
　"아무도 안 계세요?"
　주인이 없는지 아무런 대꾸가 없었다. 서점 안은 밖에서 보기와는 달리 제법 넓었다. 책꽂이마다 종이 냄새 풀풀 나는 오래된 책들이 가득 꽂혀 있었다.
　"갈 데라곤 여기밖에 없는데……."
　시우는 서점 안을 이리저리 살피다가 안쪽 끝에 나란히 서 있는 책꽂이 사이에서 빛이 새어 나오는 것을 보았다. 슬금슬금 그곳으로 다가가 한쪽 책꽂이를 슬쩍 밀쳤다.
　"아니, 이럴 수가!"
　책꽂이가 스르륵 움직이더니 눈앞에 난데없이 초가 마을이 나타난 것이다. 마음을 추스른 시우는 살며시 마을 안으로 들어섰다. 바로 그때 바람을 가르는 소리와 함께 두루마리로 된 종이 뭉치가 날아와 시우의 이마에 탁 부딪혔다. 시우는 외마디 비명을 지르며 그 자리에 털썩 주저앉았다. 눈물이 핑 돌 만큼 아팠다. 이마를 어루만지며 둘레를 살피던 시우는 나무 뒤에서 고개를 쑥 내밀고 있는 여자아이와 눈이 마주쳤다.

"쉿!"

여자아이는 다짜고짜 조용히 하라는 손짓을 보냈다. 그 모습에 주눅이 들어 시우는 입도 벙긋 못했다. 가만히 보니 여자아이는 누군가한테 쫓기는 눈치였다. 아니나 다를까, 저만치서 저벅저벅 발자국 소리가 들려왔다. 그러자 여자아이가 작은 목소리로 잽싸게 말했다.

"빨리 숨겨!"

그 두루마리를 말하는 것이었다. 시우는 엉겁결에 땅바닥에 떨어진 두루마리를 주워 들었다.

"이게 뭔데?"

시우는 썩 내키지 않는 눈길로 여자아이를 바라보며 물었다.

"노랫말이야. 네가 그 노랫말의 주인을 찾아서 꼭 돌려줘야 해. 알았지?"

여자아이는 애타는 눈길로 말했다.

"아, 알았어."

시우는 자기도 모르게 불쑥 나온 말에 어쩔 줄을 몰랐다. 그러다 문득 생각난 듯 말을 이었다.

"근데 내가 무슨 재주로 주인을 찾아?"

"너라면 꼭 찾을 수 있을 거야."

그렇게 여자아이는 애매한 말만 남기고는 후닥닥 숲 속으로 달아났다. 시우는 얼른 두루마리를 펼쳤다. 종이 맨 첫 장에는 삐뚤빼뚤한 글씨로 〈안사람 의병가〉라는 노랫말이 적혀 있었다.

"안사람은 뭐고, 또 의병가는 뭐야?"

바로 그때 일본 순사 차림을 한 사내가 한쪽 골목에서 튀어나왔다. 시우는 얼른 두루마리를 뒤로 감췄다.

"너 이만한 계집아이 못 봤어?"

"글쎄, 못 봤는데요."

시우는 시치미를 뚝 떼고 고개를 가로저었다. 그러자 사내는 옆구리에 차고 있던 칼을 만지작거리며 시우를 아래위로 훑어보더니 곧 되돌아갔다. 그런데 저만치 걸어가던 사내가 갑자기 휙 돌아서며 소리쳤다.

"앗, 잠깐! 그 두루마리는 뭐야?"

그 말에 깜짝 놀라 시우는 뒷걸음질치다가 뒤로 나자빠지고 말았다. 사내는 칼을 잽싸게 빼 들더니 시우한테로 다가왔다.

"저, 저리 가요!"

윤희순이 시집와서 '안사람 의병대'를 만든 마을이에요.

오늘날은 길이 잘 닦였지만, 그때 이곳은 굽이굽이 고개를 넘어가야 하는 두메산골이었어요. 윤희순은 열여섯 살 때 이곳 고흥 류씨 집안의 맏며느리로 시집을 와요. 유학자 집안의 맏며느리로서 집안을 돌보던 윤희순은 나라가 풍전등화의 위기로 치닫자, 마을 아낙네들로 이루어진 안사람 의병대를 만든답니다. 강원도 춘천시 남면.(시몽포토)

자객의 칼에 국모가 쓰러지다

때는 바야흐로 1895년 10월 어느 날이었다. 하얀 메밀꽃이 가을 햇살 아래 눈꽃처럼 반짝이는 강원도 춘천의 산골 마을은 눈이 부실 만큼 아름다웠다.

"자장자장 우리 아가……."

아이한테 젖을 물린 채 자장가를 들려주던 윤희순은 절로 눈웃음이 나왔다. 혼례한 지 스무 해 만에 낳은 귀한 첫아들 돈상이 눈을 감은 채 힘껏 젖을 빨고 있는 모습은 언제 봐도 흐뭇하기 그지없었다.

"엄마가 이런 것이구나!"

혼잣말로 중얼거리던 윤희순의 눈길이 메밀 꽃밭에 닿았다. 산자락을 수놓은 메밀꽃이 소슬바람을 타고 덩실덩실 춤을 추었다. 바람에 실려 온 메밀꽃 냄새 탓인지 스르르 졸음이 몰려왔다. 그때였다.

"탕! 탕! 탕!"

영문을 알 수 없는 총소리였다. 윤희순은 잠든 아이를 들쳐 업고 곧장 밖으로 뛰쳐나갔다. 문을 열고 나가면 또 다른 문이 나왔다. 문은 끝없이 이어졌다.

"자, 이제부터 여우 사냥이다!"

쭉 이어진 열린 문 사이사이로 칼을 찬 자객들이 거침없이 몰려왔다. 궁궐 문을 지키던 조선 병사들은 그들의 총에 맞고 잇따라 쓰러졌다.

"멈춰요! 쏘지 말아요."

보다 못한 윤희순이 자객들한테 소리쳤다. 하지만 어찌 된 일인지 그들의 눈엔 윤희순이 안 보이는 듯했다. 윤희순이 자객들 가까이 다가가 애타게 소리쳤지만 어느 누구도 거들떠보지 않았다.

"왕비가 누구냐?"

자객들은 옥호루까지 들이닥쳐 궁녀들을 닦달했다. 자객들이 아무리 을러도 궁녀들은 좀처럼 입을 열지 않았다. 그 가운데는 궁녀 차림을 한 왕비도 있었다. 궁녀들은 오로지 왕비를 지키려는 마음에서 모두가 자신이 왕비라고 나섰다.

"그렇다면 할 수 없지. 자, 모조리 죽여라!"

그 말이 떨어지기가 무섭게 자객들은 궁녀들을 닥치는 대로 베고 찔렀다. 윤희순은 무슨 일이 있어도 왕비만은 지켜 내야 한다고 생각했다. 그때 자객의 우두머리가 왕비한테로 다가서더니 칼을 겨누었다. 윤희순은 자기도 모르게 그 앞으로 뛰어들었다.

"안 돼!"

윤희순은 두 손을 허우적거리며 벌떡 일어나 앉았다.

"후유, 꿈이었구나!"

꿈속에서 자객의 칼을 막아 내느라 용을 쓴 탓인지 온몸이 땀범벅이었다. 윤희순은 서둘러 옷을 갈아입고 부엌에 나갔지만 좀체 일이 손에 안 잡혔다. 끔찍한 꿈 탓에 가슴이 납덩이처럼 무거웠던 것이다.

"아가!"

시아버지가 부르는 소리에 윤희순은 부랴부랴 마당으로 나왔다.

"아버님 시장하시죠? 곧 진지 올리겠습니다."

"지금 이 마당에 밥이 목으로 넘어가겠느냐?"

시아버지는 얼굴이 바윗덩이처럼 굳어 있었다.

"아버님, 무슨 일이라도……."

"왜놈의 칼에 국모이신 명성 황후께서 승하하셨다. 세상에 어찌 이런 일이 있을 수 있단 말이냐?"

그 말을 듣자마자 윤희순은 가슴이 철렁 내려앉았다.

"아니, 그, 그럴 수가……."

너무 놀란 나머지 쉬이 입이 떨어지지 않았다.

"왜놈들이 기어코 일을 저지르고 말았구나."

시아버지의 말이 더는 귀에 안 들어왔다.

'이상한 꿈을 꾼 게 그 때문이었구나!'

윤희순은 왕비를 끔찍하게 죽인 일본 놈들한테 화가 나서 견딜 수가 없었다. 불현듯 몇 해 전부터 나돌았던 소문이 떠올랐다. 일본이 호시탐탐 조선을 노린다는 소문이었다. 그런 일본의 속셈을 알아차린 왕비는 재빨리 러시아와 가까이 지냈다. 러시아의 힘을 빌려 일본에 맞서려 한 것이다. 이를 못마땅히 여긴 일본은 내내 별러 오다 마침내 자객들을 보내 왕비를 죽이고 만 것이다.

"내일이나 모레쯤 돌아올 것이니 그때까지 문단속 잘하고 있어라."

"네, 아버님."

시아버지는 새벽닭이 울자마자 또다시 사립문을 나섰다. 윤희순은 꼿꼿이 걸어가는 시아버지의 뒷모습을 물끄러미 바라보았다. 왕비가 죽고 나자마자 곧이어 목숨보다 귀히 여기던 상투를 자르라는 단발령이 내려진 뒤로 시아버지의 바깥나들이는 더욱 잦아졌다. 백성들 사이에선 나라가 곧 일본에 넘어갈지도 모른다는 소문이 빠르게 퍼져 갔다. 그 무렵부터 시아버지는 한번 집을 나가면 며칠씩 안 돌아오곤 했다.

"도무지 말씀을 안 하시니……."

하지만 윤희순은 짚이는 데가 있었다. 시아버지는 여태껏 나라와 임금을 자신의 목숨처럼 여기며 살아온 선비였다. 그런 시아버지가 나라가 기울어 가는 것을 마냥 넋 놓고 바라보고만 있을 리가 없었다. 모르긴 해도 큰일을 벌이고 있는 게 틀림없었다.

"나라를 잃으면 살아도 산목숨이 아니다."

윤희순의 생각대로 사흘 만에 돌아온 시아버지는 굳은 다짐이 선 듯했다. 윤희순과 남편 류제원을 불러들인 자리에서 그 뜻을 밝혔다.

"의병을 일으키기로 했다."

의병이란 말에 남편은 적잖이 놀란 눈치였다.

"아버님께서 직접 나서려고 하십니까?"

"무슨 대답을 듣고 싶은 게야?"

시아버지는 남편의 마음을 훤히 꿰뚫어 보았다.

"내 비록 예순을 바라보는 나이이긴 하지만 아직은 끄떡없다. 그러니 괜한 걱정 마라. 함께 의병을 일으킬 사람들도 벌써 다 모아 놓았다."

"그렇다면 제가 아버님을 모실 수 있게 해 주십시오. 아버님께서 전쟁터에 나가시는데 어찌 글공부나 하고 있겠습니까?"

시아버지는 그 말을 기다렸다는 듯 고개를 끄덕였다. 윤희순은 두려웠다. 의병을 일으킨다는 것은 곧 첨단무기를 갖춘 일본군에 맞서 싸우겠다는 뜻이었다. 날이 밝는 대로 시아버지와 남편은 죽을지 살지 알 수 없는 먼 길을 떠난다. 윤희순은 밤새 잠 못 이루고 뒤척이다 새벽녘에야 굳은 다짐을 했다.

"안 된다!"

시아버지는 윤희순의 말에 몹시 놀란 듯했다. 며느리까지 의병에 나가겠다고 할 줄이야 미처 몰랐던 것이다.

"돈상이를 생각해서라도 따라가겠다는 것입니다."

시아버지가 쉽게 허락을 안 해 줄 거라고 여긴 윤희순은 밤새 생각한 바를 털어놓았다.

"비록 아녀자의 몸이긴 하지만 나라가 있어야 자식을 제대로 키울 수 있다는 것쯤은 저도 잘 알고 있습니다."

그 말이 채 끝나자마자 시아버지가 되받았다.

"그렇기 때문에 더욱 안 된다는 것이다."

그러면서 차분한 목소리로 윤희순을 달랬다.

"목숨이 왔다 갔다 하는 곳에 너와 돈상이를 데려갈 수는 없다. 싸우는 사람이 있으면 인재를 키우는 사람도 있어야 한다. 돈상이를 잘 키우는 것도 나라를 되살리는 길이다."

윤희순은 시아버지 말에 더는 고집을 부릴 수가 없었다.

'그래, 내가 할 수 있는 다른 일을 찾아보는 거야!'

동이 트기 전 먼 길 떠나는 시아버지와 남편을 배웅하고 난 뒤, 윤희순은 캄캄한 어둠 속을 나섰다.

역사스페셜박물관

윤희순

윤희순은 1860년(철종 11년) 한양에서 윤익상의 맏딸로 태어났어요. 유학자 집안에서 나고 자란 윤희순은 열여섯 살 되던 1875년, 춘천에 사는 유학자 집안의 맏아들 류제원과 혼례를 치릅니다. 맏며느리로서 조용히 집안을 돌보던 윤희순은 명성 황후가 피살되던 1895년부터 일흔여섯 나이로 눈 감을 때까지 40년간 오로지 의병 운동과 독립운동에 자신의 온몸을 바칩니다. 오른쪽은 윤희순의 영정. (강원대학교박물관)

윤희순이 살던 집

위는 윤희순이 시집와서 살던 바로 그 집이에요. 이곳엔 아직도 고흥 류씨 후손들이 살고 있어 윤희순의 자취를 쉽게 찾아볼 수 있어요. 그 옆 항아리는 윤희순이 그 무렵 아껴 쓰던 손때 묻은 것이라고 해요. 윤희순은 이 집에서 쭉 살다가 한일병합이 되던 이듬해인 1911년 남은 식구들을 데리고 중국으로 떠난답니다. 강원도 춘천시 남면 발산리. (시몽포토)

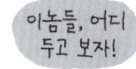

이놈들, 어디 두고 보자!

명성 황후의 죽음

고종의 왕비 명성 황후는 일본을 멀리 하고 러시아를 가까이 한 탓에 일본한텐 말 그대로 눈엣가시였답니다. 그래서 일본은 벼르고 벼르다가 마침내 1895년 10월 8일(음력 8월 20일) 새벽 5시 30분경, 자객 이삼십을 경복궁에 들여보내 옥호루에서 명성 황후를 끔찍하게 죽입니다. 이를 일러 '명성 황후 시해 사건' 또는 을미년에 일어난 사건이라고 해서 '을미사변'이라고도 하지요. 왼쪽은 옛날 옥호루 모습. (시몽포토)

안사람 의병가를 짓다

"미친 게 아닐까요?"
"안 그럼 맨 정신으로 새벽마다 산속을 헤매고 다니겠어?"
마을 아낙네들이 모이기만 하면 여기저기서 쑥덕거렸다.
"쯧쯧. 한양댁이 불쌍해서 어쩌나?"
"그러게나 말이야."

한양댁은 윤희순을 가리키는 말이었다. 친정이 한양인 윤희순을 마을 사람들은 이름 대신 한양댁이라고 했다. 이런저런 소문이 자자했지만 윤희순은 아랑곳하지 않고 첫닭이 울 때면 어김없이 어둠 속을 나섰다. 그러고는 맑은 샘물을 길어 항아리에 담아 이고 앞산에 올랐다. 산신당에 이른 윤희순은 두 손을 가슴에 모으고 정성껏 빌고 또 빌었다.

"신령님, 부디 의병에 나가신 아버님과 서방님이 꼭 살아서 돌아올 수 있게 굽어 살펴 주십시오."

시아버지와 남편이 의병에 나간 뒤로 줄곧 해 온 새벽 기도였다. 아직 날도 새기 전이라 깊은 산속에 있는 산신당을 오가는 길은 위험했지만, 윤희순은 새벽 기도를 하루도 거르지 않았다. 캄캄한 어둠 속에서 발을 헛디뎌 굴러 떨어진 적도 있었다. 게다가 언제 달려들지 모르는 굶주린 산짐승들의 울음소리는 등골을 오싹하게 했다. 하지만 윤희순은 입을 앙다물고 두려움을 떨쳐 냈다. 시아버지와 남편이 아무 탈 없이 살아서 돌아올 수만 있다면 그까짓 것쯤은 아무것도 아니었다.

"신령님, 부디 아버님과 서방님이 기울어 가는 이 나라를 지킬 수 있게 도와주십시오."

그날도 산신당에서 기도를 하고 내려오던 길이었다.

"이보시오!"

갑자기 숲 속에서 한 사내가 불쑥 튀어나왔다. 그 소리에 윤희순은 깜짝 놀라 자기도 모르게 휘청거렸다.

"저 때문에 놀랐다면 죄송합니다."

사내는 숨을 헉헉 몰아쉬며 말했다. 우락부락하게 생긴 것과는 달리 다소곳한 말투였다. 하지만 윤희순은 쉽게 마음을 놓지 않았다.

"혹시 류홍석 어르신 댁이 어딘지 아십니까?"

사내의 말에 윤희순은 움찔했다. 이 사내가 불쑥 우리 집을 찾는 까닭이 궁금했던 것이다. 하지만 시아버지의 이름을 대는 사람한테 더는 모른 척할 수도 없는 노릇이었다.

"저희 아버님을 아십니까?"

그 말에 사내의 얼굴이 환해졌다. 그러고는 시름을 덜었다는 듯 자신을 소개했다.

"아이고, 제가 운 좋게 며느님을 만났군요. 저는 김시우라고 합니다."

김시우는 시아버지 류홍석이 이끄는 춘천 지역의 의병 부대에 있는 사내였다. 윤희순은 그제야 마음이 놓였다.

"잘 먹었습니다."

김시우는 며칠째 굶은 터라 윤희순이 차려 준 밥 한 그릇을 게 눈 감추듯 먹어 치웠다. 밥을 다 비우고 나서 겸연쩍었든지 숭늉을 끓여 온 윤희순을 바라보며 머리를 긁적였다.

"밥은 다시 지으면 되는데……."

"아닙니다. 그 숭늉이나 주십시오. 덕분에 아주 잘 먹었습니다."

윤희순은 얼른 숭늉을 건네주고 자리에 앉았다. 시아버지와 남편 소식이 궁금하여 조바심이 난 것이다.

"얼마 전에 전투가 있었습니다."

김시우는 눈치가 빨랐다. 숭늉을 한 모금 마시자마자 전투 이야기를 꺼냈다. 비밀리에 훈련을 해 오던 춘천 의병이 전투를 벌인 것은 1896년 1월이었다. 매서운 추위가 몰아치는 한겨울에 시아버지가 이끄는 의병 부대는 관군과 맞붙었다. 관군은 일본의 앞잡이 노릇을 하는 친일 세력들의 명령에 따랐고, 의병은 그런 관군과 싸워야만 했다.

하지만 관군은 목숨을 걸고 싸우는 의병의 상대가 되지 못했다. 나라를 지키겠다는 다짐 하나로 똘똘 뭉친 의병은 첫 싸움에서 관군을 물리치고 보기 좋게 승리를 거두었다. 사기가 바짝 오른 의병은 그 뒤로 잇따라 관군을 몰아붙이고 있었다.

"그런데 이제부터 진짜 고비가 될 것 같습니다."

한참 신 나게 의병들의 소식을 들려주던 김시우가 갑자기 말꼬리를 돌렸다. 윤희순은 어리둥절했다.

"그게 무슨 말씀이십니까?"

"관군이 작전을 바꾼 것 같습니다."

"작전을 바꾸다니요?"

윤희순이 눈을 동그랗게 뜨고 물었다.

"관군이 의병과 맞붙어 싸우기보다 얍삽하게 시간 끌기를 하고 있답니다. 싸움이 길어지면 무기도 식량도 모자란 우리가 훨씬 더 힘들어질 수밖에 없거든요."

그제야 윤희순은 김시우가 위험을 무릅쓰고 마을에 내려온 까닭을 알 것 같았다. 식량을 구하려고 윤희순을 찾아온 것이었다. 윤희순은 곧바로 집 안에 있던 곡식을 모두 꺼내 자루에 담았다. 제사 때 쓰려고 챙겨 둔 쌀까지 몽땅 김시우한테 내주었다.

"이것만으로는 모자랄 것입니다. 다음 달 초하룻날에 산신당에 오시면 그곳에 곡식을 갖다 놓겠습니다."

윤희순은 김시우를 배웅하고 난 뒤 방 안을 서성이며 골똘히 생각에 잠겼다. 말은 그렇게 했지만 막상 어디서 그 많은 곡식을 마련할지 답답했다. 그러다 한 가지 좋은 생각이 번쩍 떠올랐다.

"옳지! 그렇게 하면 되겠군."

윤희순은 그길로 뛰쳐나가 숯가마를 만들었다. 마을에 들르는 숯장수한테 숯을 구워서 팔기로 한 것이다. 영문을 모르는 사람들은 양반집 며느리가 숯장사를 한다고 수군거렸다. 하지만 윤희순은 그러거나 말거나 열심히 숯을 굽고 팔아서 남몰래 의병 부대에 식량을 보냈다. 그러던 어느 날이었다.

"이보시오, 밥 좀 주시오."

의병들이 느닷없이 마을로 들이닥쳐 이 집 저 집을 돌아다니며 밥을 구걸했다. 관군의 공격에 밀려서 쫓겨 온 의병들이었다. 하지만 마을 사람들은 잔뜩 겁을 집어먹은 듯 주춤거렸다.

"나라를 지키려고 목숨을 걸고 싸우는 의병들이 먹을 것을 구걸하러 다녀서야 되겠습니까?"

보다 못한 윤희순이 마을 앞 느티나무 아래로 아낙네들을 불러 모아 놓고 큰 소리로 외쳤다.

"우리가 이대로 가만있다간 왜놈들 손에 나라를 빼앗길지도 모릅니다. 그러니 어서 의병을 도와줍시다."

하지만 서로 눈치만 볼 뿐 선뜻 돕겠다고 나서는 사람이 없었다.

"안 그래도 관군들이 눈에 불을 켜고 다니는데, 의병을 도왔다가 무슨 큰일을 당하려고!"

한 아낙네의 말에 다른 아낙네들도 덩달아 맞장구를 쳤다.

"그럼요!"

집안일만 하던 아낙네들이 의병을 돕기로 마음먹는 것은 쉬운 일이 아니었다. 윤희순은 끼니도 걸러 가며 밤낮없이 숯을 구웠지만 혼자 힘으로는 도저히 힘에 부쳤다.

"어떡하든 마을 아낙네들을 잘 구슬려야 하는데……."

몸도 고달프고 마음도 한없이 무거웠다. 오랜 생각 끝에 윤희순은 마침내 붓을 들었다. 그러자 마음에 담아 두었던 말들이 노래가 되어 술술 나왔다.

아무리 왜놈들이 포악하고 강성한들
우리도 뭉쳐지면 왜놈 잡기 쉬울세라
아무리 여자인들 나라 사랑 모를소냐
남녀가 유별한들 나라 없이 소용 있나
의병 하러 나가 보세 의병대를 도와주세
금수에게 붙잡힌들 왜놈 시정 받을소냐
우리 의병 도와주세 우리나라 성공하면
우리나라 만세로다 우리 안사람 만만세로라

참 신기한 일이었다. 노래를 흥얼거리자 윤희순은 그렇게 고단했던 몸이 봄 햇살에 눈 녹듯이 사라졌다. 마치 노래가 마법이라도 부린 것 같았다.

"그래, 이거야!"

그제야 윤희순은 다시 힘이 불끈 솟아났다.

역사스페셜박물관

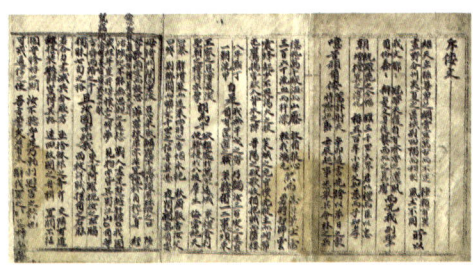

시아버지 류홍석
윤희순의 시아버지 류홍석은 친정아버지 윤익상과 화서학파 동문이었어요. 화서학파는 위정척사학파의 우두머리인 화서 이항로의 제자와 문인들로서, 서양 문물과 개화사상에 반대하는 위정척사 운동을 벌였지요. 더욱이 류홍석은 '척왜문(斥倭文)'(왼쪽)을 써서 조정에 상소를 올리는가 하면, 누구보다도 앞장서서 반외세 운동에 자신의 몸을 던졌답니다. (강원대학교박물관)

의병 운동에 뛰어든 사람들
처음에 의병을 일으킨 사람들은 주로 류홍석과 같은 양반들이었어요. 그러다가 차츰 농민부터 사냥꾼, 머슴, 해산당한 군인, 심지어는 앳된 소년들까지 의병 운동에 뛰어든답니다. 저마다 지위나 신분은 다 달랐을지 몰라도 그들은 오직 일본의 침략에 맞서 나라를 지키겠다는 굳은 다짐 하나로 똘똘 뭉쳤을 거예요. 왼쪽은 입을 꾹 다문 채 차렷 자세로 씩씩하게 서 있는 어느 이름 모를 의병과 무기들.

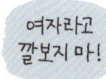

여자라고 깔보지 마!

안사람 의병가
윤희순은 시아버지가 의병 운동에 나서자, 자기도 데려가 달라고 조릅니다. 하지만 자식들과 조상님을 돌보는 일에 힘쓰라는 시아버지의 말에 뜻을 접고 다른 길을 찾습니다. 먼저 새벽마다 앞산에 있는 산신당에 가서 기도를 올리는가 하면, 직접 숯을 구워 내다 팔아 번 돈으로 의병들 살림에 보태기도 하지요. 하지만 그것만으로 모자라자 손수 '안사람 의병가'라는 노래를 지어 아낙네들을 모으러 다녔지요. 오른쪽은 충남 천안 독립기념관에 있는 '윤희순 의병가비'. (시몽포토)

안사람 의병대를 만들다

아직 동이 트려면 멀었지만 윤희순은 자리를 털고 일어나 곧장 집을 나섰다. 어서 자기 생각을 김시우한테 알리고 싶어 안달이 났다. 하지만 윤희순은 산신당에 이르자마자 김시우한테서 뜻밖의 소식을 들었다.

"그게 정말입니까?"

윤희순은 거듭해서 되물었다.

"그렇답니다."

그 소식을 전하는 김시우의 얼굴 또한 무척 어두워 보였다.

"조정 대신이라는 놈들이 어찌 그런 짓을 할 수 있단 말입니까?"

윤희순은 억울함이 쉽게 가라앉지 않았다. 일본한테 나라의 외교권을 넘겨주는 을사조약에 조정 대신들이 도장을 찍었다는 것이었다. 윤희순은 화가 머리끝까지 나 소리쳤다.

"아무리 생각하고 또 생각해 봐도 이럴 수는 없습니다."

하지만 마냥 그러고만 있을 수도 없는 노릇이었다. 집으로 돌아온 윤희순은 지난 일들을 곰곰이 되짚어 보았다. 고종 임금이 나라 이름을 조선에서 대한제국으로 바꾼 것이 엊그제 같았다. 외세의 틈바구니 속에서 나라를 지키려고 위로는 임금부터 아래로는 백성들까지 모두가 힘을 모아 가고 있던 참이었다.

"이제 대한제국은 어찌 되는 거지?"

생각만 해도 아찔했다. 대한제국은 일본의 손아귀에서 놀아나는 허수아비 나라가 될 게 불 보듯 뻔했다. 윤희순은 더는 머뭇거리고 있을 때가 아니라고 여기고, 곧장 가슴속에 품은 생각을 행동에 옮기기로 마음먹었다.

'아니, 저 노래를 어찌 알고?'

숯가마에 이른 윤희순은 자신의 귀를 의심했다. 숯 굽는 일을 도와주는 옆집 처녀 담비가 흥얼거리는 노래는 틀림없이 '안사람 의병가'였다. 아리랑 노래에 맞춰 구성지게 불러 대는 담비의 노랫소리를 듣자 윤희순은 가슴이 뭉클했다.

"그래, 바로 그거야!"

담비의 노래 솜씨라면 큰 도움이 될 것 같았다. 윤희순은 담비한테로 다가가 말을 건넸다.

"담비야, 넌 어쩜 그리도 노래를 잘하냐? 너한테 그런 재주가 있는 줄 난 정말 몰랐다."

"어, 언제 오셨어요? 아닌 게 아니라 제가 어릴 적부터 동네 사람들한테 노래 잘한다는 소리는 자주 들었어요. 히히."

담비는 윤희순의 칭찬에 신이 난 얼굴이었다.

"담비야!"

그러고 나서 윤희순은 잠깐 뜸을 들였다. 아무것도 모르는 담비를 자기 일에 끌어들이는 것이 못내 마음에 걸렸다.

"불러 놓고 왜 아무 말이 없으세요?"

그 까닭을 알 리 없는 담비는 윤희순을 빤히 바라보았다. 할 말이 있으면 빨리 하라고 재촉하는 눈빛이었다.

"지금 네가 부른 그 노래를 다른 사람들한테도 가르쳐 줄 수 있겠어?"

"그야 뭐 어려운 일이 아니죠."

"자칫 네 목숨이 위험할 수도 있어. 넌 그 노래가 담고 있는 뜻이 무엇인지 알아?"

"아니, 저를 어떻게 보고 그러시는 거예요?"

담비는 무척 못마땅한 듯 내뱉었다.

"우리 여자들도 의병 운동을 하자, 일본 놈과 싸워서 나라를 지키자, 뭐 그런 뜻을 지닌 노래잖아요. 다른 건 몰라도 노래 가르치는 일은 자신 있단 말이에요."

생각보다 담비는 훨씬 똘똘하고 씩씩했다. 일본 앞잡이들이 곳곳에 득실거리는데도 아랑곳없이 선뜻 윤희순의 뜻을 받아들였다.

그날부터 담비는 윤희순이 시키는 대로 동에 번쩍 서에 번쩍 쏘다니며 마을 아낙네들을 만났다. 빨래터든 물레방앗간이든 아낙네들이 모이는 곳이라면 어디든 달려가서 노래를 가르쳤다.

"노래란 것이 참 신기해."

"그러게 말이야."

"나도 노래를 부르다 보면 뭔가 해야겠다는 생각이 들어."

담비가 마을 아낙네들한테 '안사람 의병가'를 가르친 보람은 생각보다 크게 나타났다. 노래 하나가 사람들의 마음을 한 덩어리로 모았을 뿐만 아니라 전에 없던 용기마저 불끈 솟아나게 했던 것이다.

"자, 이럴 때 나서시면 될 것 같아요."

담비가 윤희순한테 드디어 직접 나설 때가 왔다고 알려 왔다.

"여러분, 우리가 누구입니까?"

마을 아낙네들의 눈길이 모두 윤희순한테로 쏠렸다.

"여태껏 우리 여자들은 집안을 돌보는 데 온 힘을 다해 왔습니다. 하지만 이제 왜놈들이 이 나라를 집어 삼키려는 마당에 우리가 가만히 집안에만 틀어박혀 있을 순 없는 노릇입니다. 그러니 우리도 사내들처럼 다함께 의병 운동에 나서야 할 것입니다."

그때 누군가가 말꼬리를 걸고 나섰다.

"아니, 조정 대신이란 놈들이 나라를 팔아먹으려 드는데 우리 같은 여자들이 나선다고 뭐가 달라지겠소? 자칫 괜한 목숨만 버릴 뿐이오."

그 말이 떨어지기가 무섭게 여기저기서 술렁거렸다. 기껏 뜨겁게 달아오른 열기가 금세 차갑게 식을 판이었다.

"그럼 나라를 빼앗기고 왜놈들 종으로 살자는 것입니까?"

윤희순이 다시 마음을 가다듬고 큰 소리로 부르짖자 마을 아낙네들의 눈길이 또다시 윤희순한테로 쏠렸다. 윤희순은 그 틈을 안 놓치고 곧장 말을 이었다.

"여기 계신 분들 가운데 자식을 왜놈의 종으로 살게 내버려 두고 싶은 사람은 한 분도 없을 것입니다. 그러니 우리 여자들도 사내들을 도와 왜놈들을 몰아내는 데 한몫을 해야지 않겠습니까?"

거침없이 내뱉는 윤희순의 말에 여기저기서 고개를 끄덕였다. 그 틈에 누군가 구성진 목소리로 노래를 불렀다.

　　　　아무리 왜놈들이 포악하고 강성한들
　　　　우리도 뭉쳐지면 왜놈 잡기 쉬울세라

 담비였다. 둘레에 빙 둘러섰던 마을 아낙네들은 기다렸다는 듯이 노래를 따라 불렀다. 노래는 흩어졌던 마음을 다시 하나로 모았다. 마침내 윤희순은 마을 아낙네들을 끌어 모아 안사람 의병대를 만들었다.

"의병을 도와 나라를 구합시다!"

맨 먼저 안사람 의병대는 집집마다 찾아다니며 모금을 했다.

"왜놈들이 우리나라를 집어삼키려 합니다. 의병을 도와주십시오."

안사람 의병대의 눈물 어린 하소연은 많은 사람들의 마음을 움직였다. 어떤 사람은 무기를 만들 수 있는 놋쇠와 구리를 내놓았고, 어떤 사람은 가진 돈을 몽땅 내놓기도 했다.

"우린 고구마밖에 없는데 괜찮다면 이거라도 내놓겠네."

살림살이가 어려운 사람들도 의병을 돕겠다고 발 벗고 나섰다. 안사람 의병대가 밤낮없이 애쓴 덕분에 춘천 의병 부대는 날로 힘이 세졌다. 덩달아 의병들의 사기도 부쩍 드높아졌다.

역사스페셜박물관

고종과 대한제국

조선 26대 임금으로 왕의 자리에 오른 고종(1863~1907)은 안으로는 흥선대원군과 명성 황후 사이에서, 밖으로는 일본과 서구 열강의 문호 개방 압력에 줄곧 시달립니다. 그러다가 1897년 나라 이름을 조선에서 '황제가 다스리는 자주 독립국'이란 뜻을 지닌 대한제국(大韓帝國)으로 바꾸고, 마침내 황제의 자리에 오릅니다. 하지만 1907년 헤이그 밀사 사건으로 고종은 끝내 황제의 자리에서 물러나고 맙니다. 오른쪽은 황제 옷을 갖춰 입은 고종의 모습.

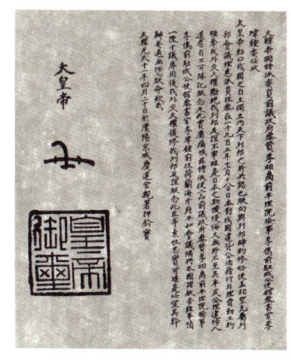

헤이그 밀사 사건

을사조약 2년 뒤인 1907년 6월, 고종의 밀명을 받고 네덜란드의 도시 헤이그에 간 세 사람이 있었어요. 이들의 이름은 이상설, 이준, 이위종이었지요. 이들이 머나먼 네덜란드까지 간 까닭은 그곳에서 열리는 만국평화회의에 참석하여 세계 여러 나라에 일본의 침략 행위를 알려, 잃어버린 대한제국의 외교권을 되찾으려는 것이었어요. 하지만 일본의 방해로 끝내 그 뜻을 이루지 못하자, 세 사람 가운데 이준은 억울함을 견디다 못해 그곳에서 세상을 떠나고 맙니다. 위는 헤이그 특사들과 고종의 위임장.

윤희순과 안사람 의병대

윤희순은 손수 '안사람 의병가'를 지어 일일이 마을 아낙네들을 쫓아다니며 애쓴 끝에 마침내 1907년 서른 남짓한 여자들을 모아 '안사람 의병대'를 만듭니다. 안사람 의병대는 처음엔 시아버지 류홍석이 이끄는 의병들을 도와 밥이나 빨래 같은 일을 해 주다가 차츰 윤희순의 지휘에 따라 군사 훈련을 받지요. 아울러 놋쇠를 모으고 소변을 달여 무기와 화약을 만드는 데도 큰 구실을 한답니다. 왼쪽은 안사람 의병대가 군사 훈련을 받았던 춘천시 남면 여의내골.(시몽포토)

완전한 승리를 거두다

"**와!** 와!"

여의내 골짜기에 함성이 울려 퍼졌다. 윤희순은 이번에도 안사람 의병대를 이끌고 군사 훈련에 나섰다.

"자, 준비……. 발사!"

윤희순의 명령에 따라 아낙네들이 잇따라 총을 탕탕 쏘았다. 곧이어 총알이 정확히 과녁을 꿰뚫었다.

"모두 다 아주 잘했습니다."

윤희순은 기쁨에 겨운 얼굴로 말했다. 처음엔 총을 잡는 것조차 두려워하던 아낙네들이 이제는 사내들 못지않게 아무 두려움 없이 총을 마음대로 다룰 줄 알았다. 더욱이 쏘았다 하면 어김없이 과녁을 맞혔다. 안사람 의병대의 군사 훈련을 지켜보던 사내 의병들 사이에서는 절로 탄성이 쏟아졌다.

"정말 놀랍습니다."

"이젠 우리보다 총을 더 잘 쏘는데요."

아낙네들의 군사 훈련을 지켜보던 윤희순의 시아버지도 흐뭇하기 그지없는 얼굴이었다. 윤희순이 여의내 골짜기에 있는 의병 부대에 이르렀을 때 누구보다 반갑게 맞이해 준 사람이 시아버지였다. 처음 의병을 일으켰을 때만 해도 아낙네들이 나설 곳이 아니라며 애써 말리던 시아버지였다. 하지만 이젠 그때와는 사뭇 다른 모습이었다.

"아가, 애썼다."

시아버지가 훈련을 마치고 온 윤희순의 어깨를 두드리며 흐뭇한 웃음을 띤 채 말했다.

"아버님, 담비는 아직 안 돌아왔어요?"

"여태 소식이 없구나. 안 그래도 일본군이 춘천 시내에 쫙 깔렸다고 해서 걱정하고 있었다."

윤희순은 그 말에 화들짝 놀랐다.

"아니, 일본군이 춘천 시내에 깔렸다니요?"

시아버지는 대답을 못하고 헛기침만 했다.

"아버님, 무슨 일인지 어서 말씀 좀 해 주세요."

윤희순이 재촉하자 옆에 있던 남편이 마지못해 대답했다.

"이놈들이 의병을 뿌리 뽑겠다고 춘천으로 몰려왔다고 하오."

"그렇다면 제가 얼른 마을로 내려가 봐야겠습니다."

그러면서 벌떡 일어서는 윤희순을 남편이 붙잡았다.

"당신이 그럴까 봐 아버님께서 말씀을 안 하신 거요. 곧 전투가 있을 텐데 당신까지 그러다 큰일이라도 나면 어쩌려고 그러오? 김시우를 보냈으니 조금만 더 기다려 봅시다."

하지만 군자금을 모금하러 간 담비는 그다음 날도 안 돌아왔다. 윤희순은 조바심이 나 견딜 수가 없었다. 대한제국의 군대를 해산시킨 일본군이 의병을 뿌리 뽑겠다고 나섰다면 담비한테도 불똥이 튈 게 뻔했다.

'담비를 보내는 게 아니었어.'

윤희순은 아무도 몰래 여의내 골짜기를 빠져나왔다. 무슨 수를 써서라도 담비를 구해야겠다는 생각뿐이었다. 그렇게 산등성이를 타고 한참을 내려가는데 저만치서 담비가 헐레벌떡 달려오는 모습이 보였다.

"담……!"

윤희순은 담비를 부르다 말고 재빨리 몸을 숨겼다. 담비 뒤를 일본군이 쫓아오고 있었던 것이다.

'저놈들을 따돌려야 하는데……'

하지만 혼자서 맞서기엔 일본군의 숫자가 너무 많았다. 그때 문득 한 가지 좋은 생각이 떠올랐다. 윤희순은 잽싸게 몸을 일으켜 덫을 파 놓은 곳으로 힘껏 뛰었다. 그러면서 일본군을 꾀려고 잇따라 총을 쏘았다. 총소리에 놀란 일본군이 갈팡질팡하는 사이에 윤희순이 몸을 돌리더니 버럭 소리를 질렀다.

"이놈들아, 어디 나를 잡아 봐라!"

그러자 일본군들이 윤희순을 잡으려고 우르르 달려들었다. 윤희순은 일본군이 가까이 다가오자 덫을 힘껏 내리쳤다. 윤희순이 바라던 대로 일본군은 산짐승을 잡으려고 파 놓은 구덩이 안으로 곤두박질쳤다. 곧이어 구덩이 바닥에 꽂아 둔 죽창이 솟구쳐 올랐다. 그 바람에 일본군들은 죽창에 찔려 피투성이가 된 채 비명을 질렀다.

"담비가 아무 일 없어야 할 텐데."

윤희순은 그길로 담비를 찾아 나섰다.

"아까 밤나무 숲길로 달아났으니까 그곳으로 가 보자."

허겁지겁 밤나무 숲길에 막 이르렀을 때였다. 아름드리 밤나무 사이로 일본군이 몰래 담비를 겨누며 방아쇠를 당기려는 모습이 보였다.

"앗, 담비야!"

윤희순은 크게 소리를 지르면서 잽싸게 일본군한테 총을 탕탕 쏘았다. 하지만 일본군이 쏜 총알이 먼저 담비한테로 날아갔다.

"안 돼!"

윤희순은 자기가 쏜 총에 맞아 쓰러진 일본군을 밟고 담비한테로 쏜살같이 달려갔다.

"아, 아주머니! 시우 아저씨가 저를 구하려다가 그만 돌아가셨어요."

윤희순의 품에 안겨 가쁜 숨을 몰아쉬던 담비는 끝내 숨을 거두었다. 윤희순은 담비를 부둥켜안고 목 놓아 울부짖었다.

아무리 여자인들 나라 사랑 모를쏘냐

아무리 남녀가 유별한들 나라 없이 소용 있나

담비를 무덤에 묻던 날, 윤희순의 귓가에 담비의 구성진 노랫소리가 맴돌았다.

"저도 가겠습니다."

윤희순이 작전 회의를 하고 있는 곳에 들어서며 말했다. 빙 둘러앉아 있던 의병들은 아무 말 없이 물끄러미 윤희순을 바라보았다.

"담비와 김시우 씨의 죽음을 결코 헛되이 할 수 없습니다. 저도 함께 가서 목숨을 걸고 일본군과 싸우겠습니다."

그러는 윤희순의 마음을 헤아리고도 남는다는 듯 다들 고개를 끄덕였다. 이번에는 시아버지도 윤희순의 뜻을 선선히 받아들였다. 그러고는 힘주어 말했다.

"우리가 이번에 칠 곳은 춘천에 진을 친 일본군 본영이다."

그 이튿날, 새벽어둠을 뚫고 춘천 지역의 의병들이 재빠르게 몸을 움직였다. 이윽고 일본군 막사가 눈에 들어왔다.

"자, 이때다! 공격하라!"

명령이 떨어지자마자 의병 부대는 일본군 막사 쪽으로 거세게 들이쳤다. 윤희순도 안사람 의병대를 이끌고 다른 쪽 일본군 막사로 다가갔다. 먼저 움직인 의병 부대에서 화승총을 쏘아 댔다. 윤희순은 기다렸다는 듯 일본군 막사에 불을 질렀다.

"저놈들이 한 놈도 빠져나오지 못하게 하라!"

윤희순의 명령에 따라 안사람 의병대는 불붙은 막사에서 튀어나오던 일본군들을 차례로 쓰러뜨렸다. 완전한 승리였다.

"담비야, 우리가 이겼어!"

여의내 골짜기로 돌아온 윤희순은 담비의 무덤부터 찾았다. 윤희순은 눈물을 거두고 씩씩한 목소리로 '안사람 의병가'를 불렀다. 윤희순이 먼저 한 자락을 부르자 나머지 안사람 의병대도 다함께 따라 불렀다.

우리도 뭉쳐지면 왜놈잡기 쉬울세라

담비한테 바치는 승리의 노래가 여의내 골짜기에 울려 퍼졌다. 그날 밤 윤희순은 오랜만에 단잠을 잤다.

"무슨 일이야?"

갑자기 땅이 흔들렸다. 이어서 어디선가 몰려온 메뚜기 떼가 하늘을 까맣게 뒤덮었다. 밖으로 몰려나온 사람들이 두려움에 떨며 웅성거렸다. 윤희순은 화승총을 꺼내 메뚜기 떼를 겨누었다. 탕 소리와 함께 메뚜기 떼가 여기저기로 흩어졌다. 하지만 그것도 잠깐, 곧 다시 뭉친 메뚜기 떼가 궁궐로 몰려갔다.

"한양댁!"

누군가 흔들어 깨우는 소리가 어렴풋이 들렸다. 윤희순은 식은땀을 흘리며 잠에서 깨어났다. 아주 기분 나쁜 꿈이었다. 명성 황후가 자객들의 칼에 맞아 죽을 때도 이와 비슷한 꿈을 꾸었던 적이 있었다.

'메뚜기 떼가 궁궐로 몰려갔는데…….'

간밤의 꿈을 곰곰이 되짚어 보던 윤희순은 외마디 비명을 질렀다.

"안 돼!"

역사스페셜박물관

13도 창의군
의병은 원래 하나로 통일된 부대가 아니라 지역마다 따로 활동하는 부대였어요. 그러다가 1907년 12월, 이인영을 비롯한 양반 의병장들이 연합 부대를 만드는데, 그 이름이 바로 '13도 창의군'이었지요. 전국에서 일만이 넘는 의병들이 서울 가까이에 모여들어 싸웠지만, 위기를 느낀 일본의 '남한 대토벌 작전'으로 끝내 실패로 돌아가고 말아요. 왼쪽은 13도 창의군이 서울로 진격하는 모습을 재현한 입체 그림. 충남 천안 독립기념관.(시몽포토)

그래, 이놈들! 맛이 어떠냐?

하얼빈에 온 이토 히로부미
1909년 10월 26일 아침 9시, 만주에 있는 하얼빈역으로 천천히 기차가 들어와 멎었어요. 곧이어 작달막한 키에 하얀 턱수염을 기른 이토가 기차에서 내렸지요. 이토가 환영 나온 사람들의 인사를 받느라 정신없을 때, 난데없이 총소리가 "탕, 탕, 탕!" 하고 울려 퍼졌어요. 그길로 일본의 이름난 정치가 이토는 붉은 피를 흘리며 끝내 숨을 거두고 말지요. 위는 하얼빈에 온 이토 히로부미. 왼쪽에 모자를 벗고 있는 사람.(연합뉴스)

의병 중장 안중근
을사조약에 이어 조선을 아예 통째로 집어삼키려 안달하던 이토 히로부미를 총으로 쏴 죽인 이는 바로 안중근이었어요. 안중근(1879~1910)은 스스로 '의병'이라고 일컬었어요. 그래서 법정에서도 "내가 이토 히로부미를 죽인 것은 의병 중장의 자격으로 한 것이지 결코 자객으로서 한 것이 아니다."라고 떳떳하게 소리쳤지요. 위는 사형당하기 이틀 전, 홍석구 신부와 두 아우를 만나 유언을 하고 있는 안중근.(연합뉴스)

죽어 넋이 되어서라도

시아버지가 목 놓아 우는 소리가 들려왔다. 그 소리에 윤희순은 심장이 멎는 듯했다. 온 식구가 의병 운동에 나서 일본군과 목숨 바쳐 맞서 싸웠지만 대한제국은 끝내 일본의 손아귀에 넘어가고 말았다. 때는 1910년 8월 29일이었다.

"나라를 왜놈들한테 빼앗긴 마당에 어찌 살 수 있겠느냐?"

머리를 풀어헤치고 하염없이 울부짖던 시아버지가 가까스로 울음을 그쳤다. 그러고는 식구들을 쭉 둘러보고 나서 힘겹게 입을 뗐다.

"나는 더는 살 생각이 없다. 너희는 왜놈들 밑에서 살 수 있겠느냐?"

시아버지의 말에 아무도 대답을 못했다.

"그러니 우리 모두 같이 죽자꾸나."

그러면서 시아버지는 잽싸게 칼을 빼들었다. 그 모습에 깜짝 놀란 윤희순이 흐느끼다 말고 시아버지를 말리고 나섰다.

"아버님, 죽는 건 두렵지 않으나 빼앗긴 이 나라를 되찾으려면 살아서 끝까지 싸워야 하지 않겠습니까?"

"저희가 이대로 목숨을 버린다면 다시는 나라를 되찾을 수 없을지도 모릅니다."

남편도 애써 눈물을 삼키며 윤희순을 거들었다.

"왜놈들이 이 땅을 모두 차지한 마당에 어찌 싸운단 말이냐?"

시아버지가 잠깐 주춤하는 사이에 윤희순이 다시 끼어들며 말했다.

"아버님, 저한테 좋은 생각이 있습니다."

그제야 시아버지는 슬며시 칼을 내려놓았다.

"그래, 그게 무엇이냐?"

"작은 시아버님께서 중국으로 건너가 싸울 것이란 얘기를 들었습니다. 그러니 이참에 저희도 같이 가는 게 어떻겠습니까?"

윤희순은 그렇게 시아버지의 마음을 돌려놓았다. 그길로 시아버지와 남편은 일본군의 눈을 피해 중국으로 떠났다. 윤희순도 곧 뒤따라가기로 돼 있었다. 그러던 어느 날, 느닷없이 일본 순사들이 들이닥쳤다.

"류홍석이 어디에 있는지 대라!"

일본 순사들이 집 안을 이 잡듯 뒤지며 소리쳤다. 그래도 윤희순이 꿈쩍하지 않자 일본 순사는 윤희순의 아들 돈상을 잡아채며 을러댔다.

"끝내 류홍석이 있는 곳을 안 댄다면 네 아들놈이라도 데려가겠다."

그 말에 윤희순은 머리가 주뼛 섰다.

"네놈들이 우리 아버님을 숨겼지? 어디에다 숨겼어? 어서 말해!"

윤희순은 갑자기 미친 사람처럼 마구 소리쳤다. 그러자 일본 순사들이 움찔하여 뒷걸음질쳤다.

"네놈들 일본 순사 맞지? 어서 우리 아버님 찾아와!"

일본 순사들은 윤희순의 미친 흉내에 깜박 넘어갔다. 가까스로 고비를 넘긴 윤희순은 그날 밤 아들 돈상을 데리고 중국으로 떠났다.

"우리가 중국으로 가는 까닭을 알겠느냐?"

쫓기듯 집을 떠나온 윤희순은 압록강을 건너기 전 아들 돈상을 바라보며 넌지시 물었다.

"독립운동을 하러 가는 것입니다."

윤희순은 어느새 훌쩍 자란 아들이 의젓해 보였다. 의병 운동을 하느라 제대로 보살피지도 못한 아들이 벌써 열여섯 살이 되어 있었다. 그렇게 윤희순 집안이 중국에 둥지를 튼 곳은 조선 사람들이 많이 모여 사는 랴오닝 성 환인현 어느 마을이었다.

"우리는 무엇보다 먼저 열심히 배워야만 합니다."

윤희순은 가장 먼저 그곳에다 학교를 세워 조선 사람들을 가르쳤다.

"배우고 난 뒤에는 저마다 독립군이 되어 목숨을 걸고 일본군과 싸워 반드시 저들을 물리쳐야 할 것입니다."

윤희순의 피 끓는 가르침은 사람들의 가슴을 뜨겁게 달구었다. 그러던 어느 날이었다.

"일본군이 몰려와요!"

마을 어귀를 지키던 사내가 허겁지겁 달려오며 소리쳤다. 윤희순은 이런 때를 대비해 미리 생각해 둔 곳으로 사람들을 잽싸게 피신시켰다.

"돈상아, 어서 서둘러라!"

윤희순은 또다시 일본군한테 쫓겨 터전을 옮겨야만 했다.

"할아버지께서 마지막으로 남기신 말씀 기억나?"

윤희순의 물음에 돈상이 고개를 끄덕이며 말했다.

"예, 너희는 나라를 되찾아 반드시 고향에 가서 살라고 하셨어요."

"그래, 잘 알고 있구나."

어려움이 닥칠 때마다 윤희순은 시아버지의 말을 떠올렸다. 중국에서 독립운동을 하던 시아버지 류홍석은 1913년 겨울 일흔셋의 나이로 돌아가셨다. 이태 뒤인 1915년엔 남편 류제원마저 독립운동을 하던 집안 식구들의 잇따른 죽음에 분한 마음을 이기지 못해 눈을 감고 말았다. 윤희순은 시아버지와 남편을 묻으면서 슬픔도 함께 묻었다.

"그 어떠한 어려움에 부닥치더라도 우리는 결코 희망을 버려서는 안 된다. 그래야만 빼앗긴 나라를 반드시 되찾을 수 있다."

윤희순은 시아버지가 남긴 말을 되새기며 어금니를 깨물었다. 아들 돈상이 윤희순의 손을 잡으며 다짐하듯 말했다.

"어머니, 걱정하지 마십시오. 할아버지의 말씀대로 반드시 나라를 되찾아 고향으로 돌아갈 것입니다."

아들 돈상은 윤희순의 든든한 버팀목이자 둘도 없는 동지였다. 윤희순 일행이 옮겨 간 곳은 탄광 도시인 푸순 변두리 포가둔 마을이었다. 이곳에서 윤희순은 아들 돈상과 함께 사람들을 하나 둘 끌어 모아 마침내 조선독립단을 만들었다.

"이제 더는 일본군한테 쫓겨 다니지 않을 것입니다. 이제부턴 우리가 먼저 일본군을 칠 것입니다."

그때부터 조선독립단은 윤희순과 아들 돈상의 지휘 아래 쉴 새 없이 고된 군사 훈련에 들어갔다. 낮밤이 따로 없는 힘든 훈련이었지만 어느 누구도 싫은 티를 내지 않았다. 드디어 푸순 지역에 있는 일본군 부대를 치기로 한 그 전날 밤, 반가운 소식이 날아들었다.

"그게 정말이냐?"

작전 회의를 하고 있던 윤희순이 들뜬 목소리로 말했다.

"그렇다니까요."

돈상이도 덩달아 들뜬 얼굴이었다.

"홍범도 장군에 이어 김좌진 장군도 청산리 전투에서 이겼다니!"

윤희순은 독립군의 잇따른 승리 소식에 눈물이 날 만큼 기뻤다.

"이번 싸움에서 우리도 반드시 이길 것입니다."

윤희순은 조선독립단의 승리를 굳게 믿었다. 안개가 자욱하게 끼어 있는 어느 날 밤, 조선독립단이 일본군 화물 운송 열차가 지나는 길목에 숨을 죽인 채 몸을 숨기고 있었다.

"내 명령이 있기 전에는 결코 총을 쏴서는 안 된다."

일본군 수비대가 눈에 띄자 돈상이 낮은 소리로 명령했다. 조금 뒤 일본군 수비대가 사정거리 안으로 들어왔다.

"자, 이때다. 쏘아라!"

돈상의 명령이 떨어지기 무섭게 조선독립단의 화승총이 거침없이 불을 뿜었다. 갑작스러운 공격에 일본군은 속절없이 무너졌다. 허둥지둥 달아나던 일본군들도 조선독립단의 총에 맞아 픽픽 쓰러졌다. 조선독립단의 매운맛을 톡톡히 보여 준 승리였다.

윤희순은 참으로 오랜만에 달콤한 시간을 보내고 있었다. 하지만 그것도 잠깐, 윤희순한테 날벼락 같은 소식이 날아들었다.

"대장님이 일본군에 붙잡혔다고 합니다."

안 그래도 지난번 일로 일본군들이 돈상을 잡으려고 눈에 불을 켜고 다닌다는 소문이 자자했다. 그래서 아무도 몰래 숨어 지내고 있었는데, 누군가의 밀고로 덜컥 붙잡히고 만 것이다. 윤희순은 하늘이 무너지는 것 같았다.

"돈상아!"

일본군의 끔찍한 고문에 돈상은 끝내 주검이 되어 돌아왔다. 윤희순은 아들의 주검을 부여안고 목 놓아 울었.

'어머니, 죽어 넋이 되어서라도 고향 땅에 돌아갈 것입니다.'

돈상이 숨을 거둔 지 열하루 만에 윤희순도 아들을 따라 스르르 눈을 감았다. 저만치서 아들 돈상이 어머니를 부르며 달려오는 것이 보였다.

'그래, 나라를 되찾는 날 이 어미와 함께 꼭 고향으로 가자꾸나.'

윤희순은 아들의 손을 덥석 잡았다. 멀리서 담비의 구성진 노랫소리가 들려왔다.

    우리 의병 도와주세 우리나라 성공하면
    우리나라 만세로다 우리 안사람 만만세로라

역사스페셜박물관

중국으로 건너가 독립운동을 하다

1910년 8월 29일, 마침내 나라가 일본의 손에 넘어가자 시아버지 류홍석과 남편 류제원은 독립운동을 하러 먼저 중국으로 건너갑니다. 뒤이어 윤희순과 류씨 일가 마흔다섯 가구도 이듬해인 1911년에 중국 랴오닝 성 선양(瀋陽)의 깊은 산속에 터를 잡고, 땅을 일궈 농사를 지어 먹으며 독립운동에 힘씁니다. 그곳은 '고려구'라는 이름이 붙을 만큼 둘레에 많은 조선 사람들이 모여 살았답니다.

학교를 세우다

윤희순은 마을에 글을 모르는 사람들이 많아 조선에서 온 편지들이 이 사람 저 사람 손에 마구 건네지는 것을 보고, 자칫 중요한 정보가 밖으로 샐 수도 있겠다 싶어 학교를 세우기로 마음먹습니다. 그 얼마 뒤 윤희순은 항일 운동이 활발한 환인현 성 가까이에 노학당(老學堂)을 세워 직접 교장을 맡습니다. 이곳에선 주로 반일 사상과 국어, 수학, 역사 과목을 가르쳤답니다. 왼쪽은 노학당 터에 있는 비석.(최영애)

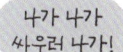

독립군의 두 별, 홍범도와 김좌진

대한독립군 총사령관 홍범도는 사냥꾼 출신이었어요. 그는 1920년 6월 7일 새벽, 봉오동 산마루에 진을 치고 있다가 일본군이 나타나자 공격을 퍼부어 큰 승리를 거둡니다. 이를 가리켜 '봉오동 전투'라고 하지요. 또한 명문 집안 출신인 김좌진 장군은 여러 독립군 부대들과 힘을 모아 1920년 10월 21일부터 26일까지 청산리에서 일본군과 열 차례 남짓 크고 작은 전투를 벌여 승리를 거두는데, 이를 가리켜 '청산리 전투'라고 하지요. 위는 청산리 전투 기록화.(유로크레온)

마침내 고향 땅에 묻히다

큰아들 돈상이 죽은 뒤 윤희순은 다시 붓을 들어 시아버지와 아들에 이르기까지 삼대에 걸친 항일 투쟁사인 〈일생록〉을 씁니다. 그리고 돈상이 죽고 열하루째 되던 날, 40년 남짓의 항일 운동에 마침표를 찍고 일흔여섯의 나이로 파란만장한 삶을 마감합니다. 윤희순의 유골은 1994년 중국 랴오닝 성에서 춘천으로 옮겨와 마침내 정든 고향 땅에 묻힙니다. 오른쪽은 윤희순의 무덤. 춘천시 남면 관천리.(시몽포토)

서점에서 담비를 만나다

"이놈 봐라."

누군가 발로 툭툭 찼다. 그 바람에 놀란 시우는 눈을 번쩍 떴다. 산적같이 생긴 할아버지가 시우를 내려다보고 있었다.

"누, 누구세요?"

"난 이 서점의 주인이다. 그러는 네놈은 누군데 남의 서점에서 자고 있는 게야?"

그 말에 시우는 얼른 자리에서 일어섰다. 그러고는 둘레를 찬찬히 살폈다. 오래된 책 냄새가 풀풀 나는 것이 담비를 쫓아서 들어온 바로 그 서점이었다.

"죄, 죄송합니다."

"죄송하면 다야? 훔친 책은 어서 제자리에 갖다 놔!"

"예? 제가 책을 훔쳤다고요?"

시우는 자신을 도둑으로 내몰자 화난 목소리로 내뱉었다.

"이놈이 이젠 오리발까지 내미네."

그러면서 할아버지는 다짜고짜 시우의 모자를 낚아챘다.

"그럼 이건 뭐야?"

"아니, 그게 왜?"

시우는 영문을 몰라 어리둥절하기만 했다. 노래 책에 발이 달린 것도 아닐 텐데 어떻게 윗옷에 달린 모자에 들어간 것인지 알 수가 없었다.

"허, 그래도 이놈이 보는 눈은 있나 보구먼. 〈안사람 의병가〉를 다 아는 걸 보니……."
노래 책을 펼쳐보던 할아버지가 씩 웃으며 말을 이었다.
"너 이 책꽂이 밀쳤지?"
"그걸 어떻게 아셨어요?"
"책꽂이를 밀쳤으니까 이 노래 책이 네 모자 속으로 떨어졌겠지."
"그럼 다 아시면서 왜 날 도둑으로 몬 거예요?"
시우가 씩씩대며 따지려 할 때 휴대 전화가 울렸다. 담비였다.
"시우야, 미안해! 잃어버린 휴대 전화를 이제야 찾았어. 지금 어디에 있어?"
"독립책방에 있어."
"정말? 그 책방 주인이 바로 우리 할아버지야."

담비는 전화를 끊자마자 서점 안으로 들어섰다. 서점에 딸린 안채에서 잃어버린 휴대 전화를 찾자마자 전화를 한 것이었다. 시우는 할아버지한테 인사를 드리고 나서 담비랑 나란히 서점 문을 나섰다.
"시우야, 화 많이 났지?"
"아니, 괜찮아."

시우는 오히려 담비 덕분에 의병장 윤희순을 알게 된 것이 무엇보다 기뻤다. 둘은 환한 얼굴로 어깨동무를 하고 자전거를 타러 공원으로 힘차게 걸어갔다.

노래하는 여전사, 조선독립단을 이끌다

윤희순은 나라가 기울어 가자 살림만 하던 평범한 아낙네에서 붓을 들어 글을 써서 마을 아낙네들을 일깨우고, 나아가서는 총을 들어 의병 투쟁과 독립운동에 온몸을 바칩니다. 그럼 이제부터 붓과 총을 든 여전사 윤희순의 삶을 한번 살펴보기로 해요.

노래하는 여전사

윤희순은 〈안사람 의병가〉를 비롯한 의병 노래 여덟 편과 경고문 네 편, 그 밖의 글까지 해서 열여섯 편의 글을 남겼다. 19세기 규중 여인들의 한글 양식이 그대로 남아 있는 윤희순의 글은 1895년 명성 황후 시해 사건을 계기로 잇따라 씌어졌다.

이때 윤희순의 나이는 서른여섯으로 그전까지는 살림만 하던 평범한 아낙네였다. 그런 그녀가 비로소 바깥 세상에 눈을 떠 일제의 만행을 고발하고 의병대를 조직하고자 붓을 들고 글을 써 나갔던 것이다. 그 무렵 시와 소설을 짓는 여성은 이따금 있었어도 윤희순처럼 사회 참여의 도구로 글을 쓴 여성은 일찍이 없었다.

윤희순은 시아버지와 남편이 의병에 나간 마당에 살림만 하고 있을 순 없다고 생각하고, 마을 아낙네들을 찾아다니며 안사람들도 의병을 돕는 데 앞장서자고 설득했다. 하지만 하나같이 사내들 일에 왜 나서냐며 손사래를 치자, 고달픈 몸과 마음을 달래려고 노래를 지었다. 그러자 오랫동안 마음속에 흐르던 말들이 노래가 되어 나왔다. 그렇게 한 사람 두 사람 노래를 따라 부르자 힘든 일도, 두려웠던 마음도 어느새 사라졌다.

이처럼 윤희순은 의병 투쟁과 독립운동 속에서 노래를 부르며, 노래가 사람들 마음속에 작은 불씨가 되어 활활 타오르기를 바랐던 것이다.

조선독립단을 이끌다

1910년 8월 29일, 마침내 나라가 일본의 손에 넘어가자 윤희순과 류씨 집안사람들도 이듬해인 1911년에 중국 랴오닝 성 선양(瀋陽)의 깊은 산속에 터를 잡고, 땅을 일궈 농사를 지어 먹으며 독립운동에 힘쓴다. 그곳은 '고려구'라는 이름이 붙을 만큼 둘레에 많은 조선 사람들이 모여 살았다.

그러다가 1915년, 윤희순은 일제의 간섭으로 고려구를 떠나 랴오닝 성 동북 지역에 있는 푸순 포가둔으로 옮겨, 그곳에서 30년대 초까지 터를 잡고서 기나긴 항일 운동을 펼쳤다. 더욱이 1920년에는 한중 지사 180명과 함께 이곳에서 '조선독립단'을 조직하여 무장 투쟁을 이끌었다. 무장 투쟁의 중심엔 큰아들 돈상, 둘째 아들 교상은 물론 사돈과 조카, 며느리까지 함께했다. 류씨와 사돈 음씨 식구들로 주로 이루어진 이들을 일러 둘레에선 '식구 부대'라고 했다. 그들은 낮에는 농사를 짓고 밤에는 사격 연습을 하며 유격 활동을 펴 나갔다.

그러다가 드디어 1932년 9월 15일, 조선독립단은 양세봉의 '조선혁명군'과 함께 푸순을 지나는 일본군의 철도 운송선을 습격하지만 안타깝게도 실패로 끝나고 만다. 이 일로 윤희순은 또다시 낯선 곳으로 쫓겨 다니다가, 1935년에 큰아들 돈상이 죽은 지 열하루 만에 일흔여섯의 나이로 세상을 떠난다.

역사 스페셜 작가들이 쓴 이야기 한국사 50

붓과 총을 든 여전사 의병장 윤희순

글 정종숙 | **그림** 김소희

초판 1쇄 펴낸날 2010년 5월 1일 | **초판 16쇄 펴낸날** 2024년 6월 4일
편집장 한해숙 | **기획·편집** 네사람 | **디자인책임** 하늘·민 | **디자인** 최성수, 이이환
사진진행 시몽포토에이전시 | **마케팅** 박영준, 한지훈 | **홍보** 정보영, 박소현 | **경영지원** 김효순
펴낸이 조은희 | **펴낸곳** ㈜한솔수북 | **출판 등록** 제 2013-000276호 | **주소** 03996 서울시 마포구 월드컵로 96 영훈빌딩 5층
전화 02-2001-5823(편집), 02-2001-5828(영업) | **전송** 0303-3440-0108 | **전자우편** isoobook@eduhansol.co.kr
블로그 blog.naver.com/hsoobook | **인스타그램** soobook2 | **페이스북** soobook2
ISBN 979-11-7028-462-8 74910 | **ISBN** 979-11-7028-461-1(세트)

어린이제품안전특별법에 의한 제품 표시
품명 아동 도서 | **사용연령** 만 8세 이상 어린이 제품 | **제조국** 대한민국 | **제조자명** ㈜한솔수북 | **제조년월** 2024년 6월

ⓒ 2010 정종숙·네사람·㈜한솔수북
※ 저작권법으로 보호받는 저작물이므로 저작권자의 서면 동의 없이 다른 곳에 옮겨 싣거나 베껴 쓸 수 없으며 전산장치에 저장할 수 없습니다.
※ 값은 뒤표지에 있습니다.